글 포도알친구 | **그림** 강경효 | **콘티 구성** 권나혜 | **데생** 윤세훈 | **터치** 조윤정, 정선희, 송시온, 김현주 | **채색** 서미화, 이주현, 윤웅
사진 Shutterstock, Wikimedia, Wikipedia
찍은날 2023년 11월 3일 초판 1쇄 | **펴낸날** 2023년 11월 14일 초판 1쇄
펴낸이 신광수 | **CS본부장** 강윤구 | **출판개발실장** 위귀영 | **디자인실장** 손현지
만화팀 조은지, 변우현, 김수지, 노보람, 손주원, 이은녕, 변하영, 김다은, 정수현, 정예진
출판디자인팀 최진아, 박남희 | **저작권 업무** 김마이, 이아람
출판사업팀 이용복, 민현기, 우광일, 김선영, 신지애, 허성배, 이강원, 정유, 설우상, 정슬기, 정재욱, 박세화, 김종민, 전지현
CS지원팀 강승훈, 봉대중, 이주연, 이형배, 전효정, 이우성, 신재윤, 장현우, 정보길
영업관리파트 홍주희, 이은비, 정은정
펴낸곳 (주)미래엔 서울특별시 서초구 신반포로 321 | **문의** 미래엔 고객센터 1800-8890 팩스 02)541-8249
출판등록 1950년 11월 1일 제16-67호 | **홈페이지** www.mirae-n.com

ⓒ 포도알친구 · 강경효 2023
저작권자의 동의 없이 무단 복제 및 전재를 금합니다.
＊본 도서는 역사적 사실과 근거를 바탕으로 지은 픽션입니다.

ISBN 979-11-6841-668-0 77900

파본은 구입처에서 교환해 드리며, 관련 법령에 따라 환불해 드립니다. 다만, 제품 훼손 시 환불이 불가능합니다.
값은 뒤표지에 있습니다.

천하제일 미식 보물찾기

보물찾기 출간 20주년 기념 특별판

· 아시아 편 ·

글 포도알친구 | 그림 강경효

차례

여러 재료가 어우러지는 맛, 대한민국 ······ 8
- 대한민국의 또 다른 미식 36
- 맛깔나는 지식 한 상 37

얼얼한 대륙의 맛, 중국 ······ 38
- 중국의 또 다른 미식 62
- 맛깔나는 지식 한 상 63

세계를 사로잡은 향긋한 맛, 태국 ······ 64
- 태국의 또 다른 미식 88
- 맛깔나는 지식 한 상 89

질 좋은 식재료의 맛, 튀르키예 ······ 90
- 튀르키예의 또 다른 미식 112
- 맛깔나는 지식 한 상 113

쌀처럼 담백하고 든든한 맛, 베트남 ············ 114

베트남의 또 다른 미식 138
맛깔나는 지식 한 상 139

따뜻하고 깊은 국물의 맛, 대만 ················ 140

대만의 또 다른 미식 162
맛깔나는 지식 한 상 163

지역의 개성이 살아 있는 맛, 일본 ············ 164

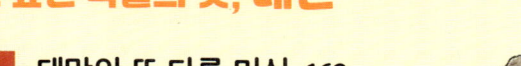
일본의 또 다른 미식 186
맛깔나는 지식 한 상 187

등장인물

"오, 저 요리는 대체 뭐지?"

지 팡 이

국적 대한민국

미식 포인트
누구에게도 지지 않는 어마어마한 먹성

전 세계의 수많은 보물을 찾은 보물찾기 짱이자 먹방 너튜버. 다양한 식문화에 대한 열정과 호기심이 넘친다.

"최고의 맛을 찾고 말겠어!"

도 토 리

국적 대한민국

미식 포인트
식문화에 대한 깊은 이해와 맛 표현 능력

여러 분야에서 해박한 지식을 가진 멘사 회원. 팡이와는 보물찾기로 경쟁하는 라이벌이자 절친한 친구 사이이다.

최 회장
국적 대한민국

대한민국 대표 식품 회사인 '최고장 식품'의 회장님으로, 호탕하고 유쾌하다.

금영
국적 대한민국

최 회장의 손녀이자 한식 요리사를 꿈꾸는 소녀. 어리지만 음식 솜씨가 뛰어나다.

샤샤
국적 중국

명랑하고 대범한 성격의 소유자이며, 《삼국지》를 무척이나 좋아한다.

촘푸
국적 태국

팡이가 운영하는 먹방 채널의 구독자이자, 태국 요리에 자부심을 가지고 있는 소녀이다.

누리
국적 튀르키예

팡이와 토리의 오랜 친구로, 토리에게만 다정해서 팡이를 토라지게 만든다.

롱
국적 베트남

뛰어난 입담과 기획 능력으로 인기를 끄는 베트남의 너튜브 크리에이터이다.

주걸륜/주륜미
국적 대만

꽃미남 스타를 꿈꾸는 걸륜과 냉철하고 똑똑한 륜미. 둘은 사촌지간이다.

아키나
국적 일본

개그맨을 꿈꾸는 학생으로, 아버지의 요리에 대한 자부심이 강하다.

Korea

여러 재료가 어우러지는 맛
대한민국

대한민국

우리나라의 음식부터 잘 알아봐야겠지?

수도: 서울
인구: 약 5,155만 명 (2023년 기준)
면적: 약 1,004만 ㏊
언어: 한국어

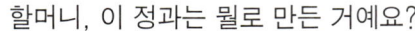

* 미식: 좋은 음식.

비빔밥은 우리나라를 대표하는 음식이야. 요리법을 기억해 두면 좋겠지?

고기와 나물의 조화!

비빔밥

쌀, 소고기, 계란, 콩나물, 당근, 애호박, 표고버섯, 도라지, 고사리, 황포묵, 고추장, 참기름, 들기름, 소금, 깨소금, 파, 다진 마늘 등

Recipe

① 소고기를 푹 삶아 만든 육수에 쌀을 넣어, 고슬고슬하게 밥을 짓는다.

② 채 썬 소고기를 참기름, 다진 마늘, 깨소금과 함께 볶는다.

③ 콩나물, 당근, 애호박, 표고버섯 등 다양한 채소와 나물을 준비한다.

④ 계란의 흰자와 노른자가 서로 섞이지 않게 분리한다.

• 불을 이용할 때는 화상을 입지 않게 조심해요.
• 칼은 보호자의 도움을 받아서 사용해요.
• 소비 기한이 지나지 않은 재료를 사용해요.

주의 사항

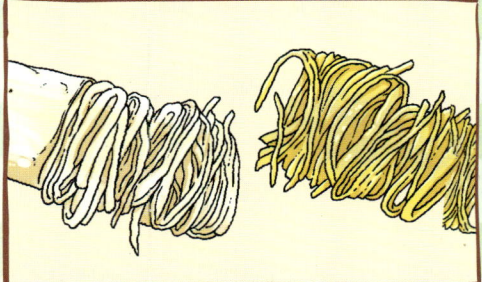

⑤ 분리한 계란 흰자와 노른자로 각각 지단을 부친다.

⑥ 황포묵을 나물처럼 가늘게 채 썬다.

⑦ 밥을 따뜻한 그릇에 담고, 참기름과 소금을 넣어 간을 한다.

⑧ 그 위에 나물과 황포묵, 지단 등을 올린 후, 가운데에 소고기 볶음과 고추장을 올린다.

볶은 고기 대신 육회를 넣어 비빔밥을 만들어도 돼.

대한민국의 또 다른 미식

김치
유산균이 가득한 발효 식품

김치는 우리나라 음식 하면 생각날 만큼 한국을 대표하는 음식 중 하나예요. 배추김치, 무김치, 오이소박이, 깍두기, 물김치 등 종류도 무척 다양하지요. 김치는 담근 직후에 바로 먹을 수도 있지만, 보통은 발효 과정을 거친 뒤 먹어요. 김치를 발효시키면 맛이 더 깊어질 뿐만 아니라, 유산균이 풍부해져 우리 몸을 건강하게 만들어 준답니다.

유산균은 변비를 예방하고, 음식을 잘 소화시킬 수 있도록 도와주는 균이야.

불고기
삼국 시대부터 이어진 맛

불고기는 얇게 썬 소고기나 돼지고기를 짭짤하고 달콤한 양념장에 재운 뒤 익혀 먹는 고기 요리예요. 우리나라 사람들이 가장 좋아하는 음식 중 하나이지요. 불고기는 삼국 시대부터 이어진 전통 깊은 요리로, 고구려 사람들이 즐겨 먹던 된장 양념에 재운 돼지고기를 구워 만든 '맥적'이라는 음식에서 유래했어요. 이 음식이 오랜 시간을 거치며 지금의 불고기 요리로 새롭게 탄생한 것이랍니다.

우아~, 맛있겠다!

식혜
쌀로 만든 음료

우리나라는 간식으로 쌀로 만든 떡이나 음료를 먹는 경우가 많아요. 그중 식혜는 밥을 엿기름으로 삭혀 만드는 우리나라 전통 음료예요. 음료에 밥알이 둥둥 떠 있는 모습이 처음 먹어 보는 사람에게는 낯설게 느껴질 순 있지만, 시원하고 달콤한 맛이 일품이라 명절과 잔치 등 특별한 날에 후식으로 즐길 수 있는 음료로 사랑받고 있습니다.

맛깔나는 지식 한 상

한국 요리의 기본 양념, 장

한옥 마당의 장독대

우리나라 요리에서 많이 사용되는 대표적인 양념은 된장, 간장, 고추장이에요. 모두 '메주'를 이용해 만든다는 공통점이 있지요. 메주란 삶은 콩을 절구로 찧고, 네모난 모양으로 뭉쳐서 천장에 매달아 곰팡이가 피도록 발효시킨 것이에요. 그 메주를 소금물에 며칠간 담가 두면, 물과 건더기로 분리되는데, 이 물을 달여 만든 것이 '간장', 남은 건더기를 숙성시켜 만든 것이 '된장'이지요. 그리고 메주를 가루 내어 고춧가루와 찹쌀가루 등과 섞으면 '고추장'이 된답니다. 우리 조상들은 예로부터 장을 아주 중요하게 생각해 바람과 햇빛이 잘 드는 마당의 한편에 장을 담은 장독을 모아 두곤 했어요. 지금은 흔히 볼 수 있는 모습은 아니지만, 여전히 장은 한국인의 밥상에서 중요한 역할을 하고 있답니다.

산과 들에서 얻는 반찬, 나물

다양한 종류의 나물

'나물'은 산과 들에서 자라는 야채 또는 그것으로 만든 반찬을 말해요. 날것으로 양념하여 무쳐 먹을 수도 있고, 경우에 따라 삶거나 볶아 먹기도 하지요. 특히 우리나라는 국토의 약 70%가 산지로 이루어져 있어 다양한 종류의 나물이 발달했어요. 우리 밥상에 자주 올라오는 대표적인 나물로는 콩나물, 고사리나물, 시금치나물 등이 있지요. 나물은 주변에서 구하기 쉬울 뿐만 아니라, 맛도 좋고, 다양한 영양소가 함유되어 있기 때문에 건강에도 좋답니다.

China

얼얼한 대륙의 맛

중국

중국

수많은 인구만큼
다채로운 맛의 세계로
가 보자고!

수도: 베이징
인구: 약 14억 2,567만 명(2023년 기준)
면적: 약 9억 6,000만㏊
언어: 중국어

* **성도** 성의 정치, 문화 등의 중심 도시.

> 다양한 재료를 넣고 풍성하게 즐겨 봐!

원하는 재료를 마음껏!

훠궈

재료

- **육수 재료** 돼지나 닭 뼈, 소뼈, 구기자, 대추, 백후추, 생강, 마늘, 고추기름, 말린 통고추, 월계수 잎, 팔각, 계피, 정향 등
- **익혀 먹을 재료** 고기, 해산물, 채소, 버섯, 건두부, 완자 등
- **소스** 땅콩소스, 참깨 소스, 겨자, 간장, 칠리소스 등

Recipe

① 물에 돼지나 닭 뼈, 생강, 구기자, 대추, 백후추 등을 넣고 끓여 청탕 육수를 만든다.

② 물에 소뼈, 생강, 마늘, 고추기름, 통고추, 계피, 정향 등을 넣고 끓여 홍탕 육수를 만든다.

③ 육수의 건더기를 체에 거른 뒤 훠궈용 냄비에 홍탕과 청탕 육수를 각각 담는다.

④ 채소를 깨끗하게 씻어서 적당한 크기로 잘라 준비한다.

주의 사항
- 불을 이용할 때는 화상을 입지 않게 조심해요.
- 칼은 보호자의 도움을 받아서 사용해요.
- 소비 기한이 지나지 않은 재료를 사용해요.

⑤ 고기, 해물, 건두부, 완자 등의 재료도 먹기 좋게 손질한다.

⑥ 개인용 소스 그릇에 여러 소스를 조합해 각자 입맛에 맞는 소스를 만든다.

⑦ 육수가 끓기 시작하면 단단한 재료부터 넣어 익힌다.

⑧ 재료가 익으면 건져 낸 뒤 만들어 둔 소스를 찍어 먹는다.

두 가지 맛을 같이 즐길 수 있어!

중국의 또 다른 미식

불도장

진귀한 재료가 듬뿍 들어간 보양 요리

불도장은 중국을 대표하는 최고급 요리 중 하나예요. 불도장이란 '스님조차 담장을 넘는다'라는 뜻으로, 고기를 먹으면 안 되는 스님도 이 음식을 먹기 위해 담장을 넘는다는 뜻에서 지어진 이름이지요. 불도장에는 닭고기, 오리고기, 돼지 힘줄, 비둘기 알, 상어 지느러미, 고려 인삼 등 진귀한 재료들이 들어가는 데다가 요리 과정도 정성이 많이 들어가기 때문에, 쉽게 먹기 어려운 값비싼 요리랍니다.

카오야

겉은 바삭, 속은 촉촉한 식감

카오야는 베이징 지역의 전통 요리로, 베이징 덕, 북경 오리라고도 해요. 바람을 불어 넣어 오리의 껍질과 살을 분리시킨 뒤, 오리 껍질에 소스를 발라 약 3~4시간 동안 훈제해 만들지요. 바삭해진 껍질을 발라낸 살과 함께 밀로 만든 전병에 싸 먹거나 채소와 곁들여 먹는답니다.

> 카오야는 보통 파와 오이를 곁들여 먹어.

월병

명절을 기념하는 특별한 과자

중국에서는 음력 8월 15일, '중추절'이라 하는 명절을 기념해요. 중추절은 가을의 한가운데라는 뜻으로, 중국의 4대 전통 명절 중 하나이지요. 중추절에 먹는 대표적인 음식이 바로 월병이에요. 월병은 둥근 달처럼 동그란 모양의 과자로, 밀가루 껍질 안에 호두, 땅콩 등의 소를 가득 넣어 만들어요. 요즘은 퓨전 스타일로 소시지 월병, 아이스크림 월병 등 다양한 소를 넣은 월병이 인기를 끌고 있답니다.

맛깔나는 지식 한 상

전부 먹어 보고 말 거야!

지역별로 다양한 중국 요리

중국은 아시아에서 가장 넓은 국토를 가진 국가예요. 전 세계적으로도 러시아, 캐나다, 미국에 이어 네 번째로 넓지요. 그래서 같은 중국이더라도, 지역마다 기후나 문화가 달라 각각의 개성이 넘치는 음식 문화가 발전하게 되었어요. 예를 들면 상하이는 바다와 가까워 주로 해산물 요리가 많아요. 반대로 쓰촨은 음식이 쉽게 상하는 기후라, 오래 보존할 수 있는 요리 방식이 잘 발달되어 있지요. 또 광저우는 작고 예쁘게 빚은 '딤섬' 같은 정교하고 고급스러운 요리가 발달했고, 산둥 지역은 해산물의 질이 좋아서 해삼이나 생선 등을 이용한 요리가 유명하답니다.

광저우에서 발달한 요리인 딤섬

맵고 얼얼한 마라의 맛

최근 우리나라에서도 마라를 사용해 만든 요리들이 큰 인기를 끌고 있어요. 고기와 버섯, 야채 등을 넣고 끓이는 '마라탕', 마라 소스에 고기와 채소 등을 볶아 만든 '마라샹궈', 마라 소스에 민물 가재를 볶아 만든 '마라롱샤' 등 다양한 마라 요리를 파는 식당을 쉽게 볼 수 있지요. 대체 이 마라의 정체는 무엇일까요? '마라'란 쓰촨 지역에서 쓰는 향신료로, '저릴 마(痲)' 자와 '매울 랄(辣)' 자를 써 혀가 저릴 정도로 맵고 얼얼한 맛을 뜻하지요. 쓰촨 지역이 이렇게 자극적인 향신료를 사용하는 이유는, 일교차가 크고 기후가 습해 음식이 잘 부패하기 때문이에요. 그래서 이를 막기 위해 마라와 같이 강한 향신료를 음식에 쓰게 된 것이지요. 마라에는 육두구, 화자오, 팔각 등 다양한 재료가 들어가 독특한 매운맛이 난답니다.

마라를 이용한 대표적인 요리인 마라샹궈

Thailand

세계를 사로잡은 향긋한 맛
태국

향신료의 나라, 태국으로 떠나 보자!

수도: 방콕
인구: 약 7,180만 명(2023년 기준)
면적: 약 5,131만㏊
언어: 타이어

후훗! 이 몸이 여기서 다양한 길거리 음식을 먹으며 전 세계 내 팬들에게 태국의 음식을 소개해 주겠어!

전 세계 팬들은 무슨….

우하하

머쓱 무시

아무튼 여기서 아침이나 간단히 때우자.

스윽 츌츌

……

잠깐! 뭐라고 했어? 이 다양하고 맛있는 음식들을 두고 간단히 때우자고?! 그게 말이 돼?!

시장에서 신선한 식재료를 이용해서 즉석으로 만들어 주는 음식들이 얼마나 맛있는데!

불쑥

70

* **싸와디 캅** '안녕하세요'의 태국어. 남자는 '싸와디 캅', 여자는 '싸와디 카'라고 말한다.

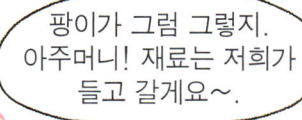

> 우리 엄마의 특별 레시피를 공개할게!

신선한 새우가 듬뿍!
똠얌꿍

재료
새우, 남프릭 파오, 갈랑가, 레몬그라스, 카피르 라임 잎, 타마린드 페이스트, 피시 소스, 프릭키누, 토마토, 고수, 버섯, 양파, 소금, 설탕 등

Recipe

① 토마토, 버섯, 양파를 잘 씻어 적당한 크기로 자른다.

② 새우는 깨끗이 씻은 후 껍질을 까고 내장을 빼 손질한다.

③ 냄비에 물과 새우 껍질을 넣고 끓인다.

④ 끓인 육수를 체에 걸러 새우 껍질을 제거한다.

・불을 이용할 때는 화상을 입지 않게 조심해요.
・칼은 보호자의 도움을 받아서 사용해요.
・소비 기한이 지나지 않은 재료를 사용해요.

⑤ 걸러 낸 육수에 레몬그라스, 갈랑가, 타마린드 페이스트를 넣는다.

⑥ 남프릭 파오와 프릭키누, 버섯, 양파, 토마토 등을 넣고 끓인다.

⑦ 소금, 설탕, 피시 소스로 양념을 한 뒤 새우를 넣고 몇 분간 더 끓인다.

⑧ 요리를 그릇에 옮겨 담고, 고수와 카피르 라임 잎으로 장식한다.

타마린드 페이스트는 '타마린드'라는 식물의 열매로 만든 소스야. 새콤하고 향긋한 맛이 나지.

태국의 또 다른 미식

솜땀

태국식 파파야 샐러드

솜땀은 파파야를 가늘게 채 썰고, 피시 소스와 고춧가루, 라임 등을 넣고 버무려 만드는 샐러드로, 주로 덜 익은 파파야로 만들어 먹곤 해요. 마치 우리나라의 깍두기처럼 아삭거리고 매콤새콤한 맛이 나지요. 그래서 주로 솜땀은 찹쌀밥이나 닭 날개 튀김 등 다른 음식과 곁들여, 입맛을 돋워 주는 역할을 한답니다.

파파야는 대표적인 열대 과일이야!

팟타이

태국의 대표적인 볶음 쌀국수 요리

팟타이는 쌀국수를 두부, 새우, 숙주나물, 돼지고기 등과 함께 향신료를 더해 볶아 낸 요리예요. 취향에 따라 라임, 고춧가루, 땅콩 가루 등을 뿌려 먹기도 하지요. 태국은 여러 가지 재료를 사용하여 풍요로운 맛을 내는 팟타이를 다양한 국가 행사에서 홍보해 왔답니다. 그 결과 세계적으로 인기를 끌어 똠얌꿍과 함께 태국 음식의 대표 주자가 되었지요.

푸팟퐁커리

게와 카레의 고소한 만남

푸팟퐁커리는 태국의 인기 메뉴 중 하나예요. 여기서 '푸'는 게, '팟'은 볶다, '퐁'은 가루, '커리'는 카레라는 뜻으로, 카레 가루에 볶은 게 요리예요. 코코넛밀크, 달걀과 함께 부드럽게 끓인 카레소스에 껍질째 튀긴 게를 통째로 버무려 만들지요. 푸팟퐁커리에 사용하는 게는 껍질이 얇고 부드러워 씹어 먹을 수 있는 품종의 게를 사용해요. 이러한 게는 집게발까지 씹어 먹을 수 있어 맛이 무척 고소하답니다.

맛깔나는 지식 한 상

태국의 다양한 향신료

태국은 지리적으로 무더운 열대 기후에 속해요. 그래서 뜨거운 국이나 탕 요리보다는 신선한 재료를 팬에 넣고, 소스와 향신료를 넣어 볶아 만드는 볶음 요리가 더 많이 발달했지요. 요리법 자체는 비교적 간단하지만 다채로운 맛을 내는 태국 요리의 비밀은 바로 다양한 향신료들에 있어요. 맛이 독특하고 비린내를 없애는 데 효과가 있는 '고수', 잎 전체에 매운 향과 맛이 느껴지는 '바질', 레몬처럼 상큼한 향기가 나는 '레몬그라스' 등 독특한 향과 맛을 내는 향신료들을 조합하여 사용해 맛에 깊이를 더하지요.

태국 요리에 많이 사용되는 향신료인 레몬그라스

해산물 요리의 천국

태국은 인도양과 태평양으로 둘러싸여 있으며, 나라 안쪽으로는 짜오프라야강을 비롯한 여러 강이 흐르고 있어요. 그래서 태국에서는 다양한 종류의 해산물을 저렴하게 구할 수 있답니다. 이러한 이유로 태국에는 게, 새우, 가재와 같은 해산물을 삶고, 볶고, 튀기고, 찌개를 만드는 등의 여러 가지 방식의 요리법이 발달했어요. 태국의 대표적인 해산물 요리로는 게를 이용한 푸팟퐁커리, 새우를 넣은 똠얌꿍 등이 있어요. 특히 똠얌꿍은 중국의 '샥스핀 수프', 프랑스의 '부야베스'와 함께 세계 3대 수프 중 하나로 꼽힌답니다.

태국의 대표적인 강인 짜오프라야강

싱싱하고 맛있겠지?

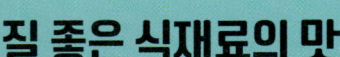

질 좋은 식재료의 맛

튀르키예

튀르키예

다양한 식재료를 활용한 튀르키예의 음식을 만나 보자고!

수도: 앙카라
인구: 약 8,581만 명(2023년 기준)
면적: 7,853만㏊
언어: 튀르키예어

> 토리야, 내가 레시피 잘 외워서 나중에 만들어 줄게!

숯불 향기가 입 안 가득!
소고기 되네르 케밥

 재료

소고기, 소고기 지방, 해바라기유, 고추, 양파, 토마토, 요거트, 물, 포도주스, 소금, 후추, 오레가노, 빵, 되네르 케밥용 꼬치 등

Recipe

① 손질한 소고기를 해바라기유에 하루 동안 재운다.

② 고추와 양파를 물과 함께 믹서기에 간다.

③ ②에 요거트, 물, 해바라기유, 소금, 후추, 포도주스, 오레가노를 섞어 양념을 만든다.

④ 해바라기유에 재운 고기를 ③의 양념에 1~2일간 재운다.

주의 사항
- 불을 이용할 때는 화상을 입지 않게 조심해요.
- 칼은 보호자의 도움을 받아서 사용해요.
- 소비 기한이 지나지 않은 재료를 사용해요.

⑤ 양념된 고기를 얇게 썬 뒤, 되네르 케밥용 꼬치에 소고기 지방과 함께 잘 꽂는다.

⑥ 숯불 화덕 기계에 고기 꼬치를 빙글빙글 돌리며 천천히 굽는다.

⑦ 겉부분이 익으면 겉부분부터 조금씩 썰어 내며 속까지 익힌다.

⑧ 썰어 낸 고기는 토마토와 양파 등과 함께 빵 속에 끼워 먹는다.

되네르 케밥용 꼬치를 회전시키며 굽는 기계를 '로티세리'라고 해.

옆 가게

흠, 흠! 전 누리예요. 제 친구 토리를 대신해 터키의 디저트 '로쿰'을 소개할게요!

로쿰은 '터키쉬 딜라이트'라고도 불리는데, '입에 기쁨을 주는 터키 음식'이라는 뜻이에요. 로쿰에 얽힌 재미있는 민담이 있어요!

어느 날, 술탄이 사탕을 먹다가 이가 부러져서 부드러운 사탕을 만들라고 명을 내렸대요.

폐하! 말랑말랑하고 부드러운 사탕을 만들어 왔사옵니다.

'알리'라는 사탕 가게 주인이 로쿰을 만들어 오자,

오, 기쁨을 주는 맛이로다!

술탄은 크게 감탄하며 알리에게 훈장까지 내렸다고 하죠.

튀르키예의 또 다른 미식

쿰피르

튀르키예식 패스트푸드

쿰피르는 감자를 껍질째 구워 반을 가른 뒤, 치즈, 소시지, 양배추, 옥수수, 올리브, 버섯 같은 다양한 토핑을 올린 후, 소스를 뿌려 먹는 요리예요. 비교적 조리법이 간단하여 빠르게 조리해 먹을 수 있기 때문에 튀르키예식 패스트푸드라고도 할 수 있지요. 간단하지만 맛이 아주 좋아서 많은 튀르키예인들에게 사랑받는 음식이랍니다.

갓 구운 쿰피르는 매우 뜨거우니 손을 데지 않게 조심해!

초르바

걸쭉한 국물 요리

초르바는 튀르키예의 대표 국물 요리예요. 초르바는 우리가 생각하는 국물 요리보다 걸쭉한 질감이지요. 오래전부터 유목 생활을 한 튀르키예인들은 물 대신 요구르트나 고기를 우려 국물을 끓이기도 했거든요. 대표적인 초르바로는, 노란 렌틸콩과 양파, 감자, 당근을 넣고 끓인 '메르지멕 초르바스', 물 대신 요구르트를 넣고 끓인 '야일라 초르바스' 등이 있지요.

카이막

축산업이 발달한 튀르키예의 유제품

튀르키예는 농업 인구의 약 3분의 1이 축산업에 종사할 정도로 축산업이 발달한 나라입니다. 그래서 유제품으로 만든 음식이 다양하지요. 그중 대표적인 것이 바로 '카이막'이에요. 갓 짜낸 우유를 끓인 다음 식히면 그 위에 지방 막이 얇게 응고되어 떠오르는데, 그 지방 막만 걷어 내어 모아 만든 것이지요. 우유 10kg으로 만들 수 있는 카이막의 양은 약 400g 정도밖에 안 되지만, 부드럽고 고소해 빵과 함께 곁들여 먹기 좋아 큰 인기를 끌고 있답니다.

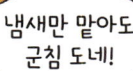

냄새만 맡아도 군침 도네!

맛깔나는 지식 한 상

돼지고기를 먹지 않는 이슬람 문화

이스탄불에 위치한 술탄 아흐메트 *모스크

튀르키예는 종교의 자유가 있는 국가이지만, 국민의 대다수가 이슬람교 신자예요. 그래서 튀르키예 국민들의 삶 곳곳에는 이슬람교의 전통과 관행이 묻어 있지요. 특히 이슬람교의 경전인 '쿠란'에는 돼지고기를 금하는 내용이 있기 때문에, 대부분의 튀르키예 사람들은 돼지고기를 먹지 않아요. 찾는 사람이 거의 없으니, 자연스럽게 튀르키예의 시장이나 식당에서도 돼지고기를 찾아 보기가 어렵게 되었지요. 그래서 소고기, 양고기, 고등어 등 다양한 재료로 만드는 케밥의 경우에도 돼지고기로 만든 케밥만큼은 찾기 어렵답니다.

*모스크 이슬람교의 예배당.

유목민의 삶 속에서 탄생한 음식

튀르키예의 시시 케밥

케밥은 얇게 썬 양고기, 소고기 등을 불에 구워 빵이나 채소와 곁들여 먹는 튀르키예의 전통 음식이에요. 케밥은 튀르키예뿐만 아니라 이란, 인도, 파키스탄 등 많은 국가에서 예로부터 즐겨 먹어 온 음식이기 때문에 그 유래는 정확히 알 수 없지만, 먼 옛날 튀르키예 유목민들의 생활에서 케밥의 옛 모습을 찾아 볼 수 있답니다. 과거 튀르키예의 유목민들은 많은 양의 고기를 빠르게 굽기 위해 고기를 잘게 썰어 꼬치에 꽂아서 구워 먹었다고 해요. 이는 튀르키예의 대중적인 케밥 종류인 '시시 케밥'과 아주 비슷한 형태로, 이를 통해 케밥이 유목민들의 영향을 받았다는 점을 유추할 수 있답니다.

Vietnam

쌀처럼 담백하고 든든한 맛

베트남

베트남

이번 행선지는 다양한
쌀 요리를 맛볼 수 있는
베트남이야!

수도: 하노이
인구: 약 9,886만 명(2023년 기준)
면적: 약 3,313만 ha
언어: 베트남어

"소뼈를 우린 진한 육수가 포인트에요!"

든든하고 따뜻한 한 그릇
소고기 쌀국수

재료

소뼈, 구운 샬롯, 구운 생강, 계피, 정향, 고수씨, 블랙 카다몬, 팔각, 소금, 소고기, 쌀국수 면, 치킨스톡, 양파, 고수, 파, 고추, 라임, 호이신 소스, 스리라차소스 등

Recipe

① 물에 소금, 소뼈를 넣고 끓이면서 거품과 불순물이 떠오르면 제거한다.

② 구운 샬롯과 생강을 넣고 2시간 동안 끓이며 중간중간 불순물을 떠낸다.

③ 체로 육수를 거른 뒤, 고기에 붙은 뼈는 따로 발라낸다.

④ 계피, 팔각 등의 향신료를 살짝 구워 국물에 넣고, 물을 조금씩 추가하면서 푹 끓인다.

주의 사항
- 불을 이용할 때는 화상을 입지 않게 조심해요.
- 칼은 보호자의 도움을 받아서 사용해요.
- 소비 기한이 지나지 않은 재료를 사용해요.

⑤ 육수에서 향신료를 걸러 낸 뒤, 치킨스톡과 소금으로 간을 한다.

⑥ 끓는 물에 쌀국수 면을 데친 뒤 살짝 물에 헹구고 그릇에 담는다.

⑦ 그 위에 고기, 양파, 파 등 채소를 얹고 뜨거운 육수를 붓는다.

⑧ 취향에 따라 고수, 고추, 라임, 호이신 소스, 스리라차소스를 곁들여 먹는다.

호이신 소스는 짭짤하면서 감칠맛이 나고, 스리라차소스는 매콤하지.

베트남의 또 다른 미식

분짜
국물에 면을 적셔 먹는 국수

베트남에서는 면 위에 따뜻한 고기 국물을 부어 먹는 쌀국수 못지않게 인기를 누리며, 색다른 매력을 뽐내는 또 다른 종류의 국수 요리가 있습니다. 그 주인공은 바로 분짜인데요. 분짜는 그린 파파야로 만든 절임 위에 숯불에 구운 돼지고기를 올린 다음, 느억맘 소스와 설탕 등을 이용해 만든 국물을 부어 만듭니다. 이 국물에 채소, 면 등을 적셔 먹는 것이지요. 느억맘 소스는 생선을 발효시켜 만든 액젓 소스로, 베트남을 대표하는 소스 중 하나랍니다.

베트남에 오면 꼭 먹어 봐!

껌땀
깨진 쌀의 화려한 변신

껌땀은 밥에 양념한 돼지고기, 채소, 달걀 등을 곁들인 요리입니다. 특이하게도 온전한 쌀이 아니라 깨진 쌀로 밥을 지어 만들지요. 수확한 쌀을 가공하는 과정에서 상품 가치가 떨어지는 깨진 쌀을 이용해, 새로운 요리로 재탄생시킨 것입니다. 이 때문에 가격도 매우 저렴하답니다. 값이 싸고 푸짐한 한 그릇 요리인 껌땀은 베트남 남부 지역을 중심으로 누구나 즐겨 먹는 음식이에요.

반미
베트남식 바게트 샌드위치

반미는 베트남의 대표적인 길거리 음식 중 하나예요. 쌀이 많이 생산되는 베트남답게 밀가루와 쌀가루를 섞어 반죽해 만든 베트남식 바게트를 사용한다는 점이 특징입니다. 이 바게트 안에 돼지고기, 소시지 등의 고기와 무절임, 당근 절임, 고수 등의 속 재료를 넣어 만들지요. 베트남은 1883년부터 1945년까지 프랑스 식민지였던 아픈 과거가 있어요. 그때 프랑스식 식재료와 요리법이 베트남에 많이 유입되었고, 반미 또한 그 시기에 만들어진 것으로 추정된답니다.

간단한 한 끼 식사로 제격이지!

세계적인 쌀 생산지, 베트남

소고기 쌀국수, 분짜, 껌땀, 반미 등 베트남은 유난히 쌀을 이용해 만든 요리들이 많습니다. 베트남은 동남아시아뿐만 아니라 세계적으로 손꼽히는 쌀 생산지이기 때문이지요. 베트남의 쌀 재배 면적은 7만 km² 정도로, 무려 2,500만 톤이 넘는 쌀을 매년 생산하고 있습니다. 쌀을 이렇게 많이 생산할 수 있는 이유는 따뜻하고 습도가 높은 기후를 지녔기 때문이에요. 일반적으로 쌀은 1년에 한 번 수확하는데, 베트남에서는 무려 1년에 세 번이나 쌀을 수확하는 '삼모작'을 할 정도랍니다. 자연스럽게 쌀로 만든 요리가 발전할 수밖에 없는 환경이지요.

베트남의 계단식 논

하노이 VS 호치민

베트남을 대표하는 두 도시라면, 역시 하노이와 호치민을 꼽을 수 있습니다. '하노이'는 베트남의 수도이자 역사와 정치의 중심지로, 베트남 북부 지역에 위치하고 있어요. 반대로 베트남 남부 지역에 위치한 '호치민'은 베트남 경제의 중심지로, 수도인 하노이 못지않은 중요한 도시이지요. 두 도시는 각각 베트남의 북부 지역과 남부 지역을 대표하며, 각 지역의 중심지 역할을 톡톡히 해내고 있답니다.

하노이시의 풍경

호치민시의 풍경

두 도시 모두 각자의 매력이 넘치는걸?

Taiwan

따뜻하고 깊은 국물의 맛
대만

대만

식도락 천국 대만으로 출발~!

수도: 타이베이
인구: 약 2,392만 명(2023년 기준)
면적: 359만 ha
언어: 중국어(만다린), 타이완어, 객가어

걸륜이도 이 레시피를 잘 숙지했어야 했는데!

큼직한 소고기가 가득!
대만식 우육면

재료

소고기, 생강, 마늘, 쪽파, 건고추, 통후추, 팔각, 정향, 화자오, 월계수 잎, 계피, 두반장, 빙탕, 간장, 노추, 황주, 중화면, 청경채, 파 등

Recipe

① 끓는 물에 소고기를 약 10분간 데쳐서 핏물과 불순물을 제거한다.

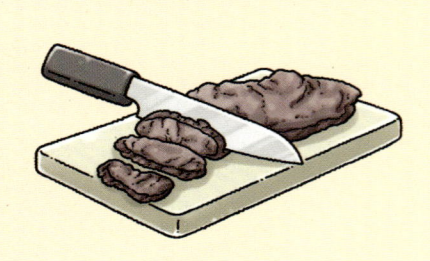
② 데친 소고기를 큼지막하게 자른다.

③ 기름을 두른 프라이팬에 생강, 마늘, 쪽파, 건고추, 통후추를 넣고 볶아 향을 낸다.

④ 불을 약하게 줄이고, 빙탕을 넣어 갈색이 될 때까지 녹인다.

⚠️ **주의 사항**
- 불을 이용할 때는 화상을 입지 않게 조심해요.
- 칼은 보호자의 도움을 받아서 사용해요.
- 소비 기한이 지나지 않은 재료를 사용해요.

⑤ ④에 향신료, 두반장, 간장, 노추, 황주를 넣고 볶다가 소고기를 넣어 조금 더 익힌다.

⑥ ⑤에 물을 넣고 끓이며 국물을 우려낸다.

⑦ 다른 냄비에 소금을 넣고 물을 끓여 청경채와 중화면을 삶은 후 건져 낸다.

⑧ 그릇에 면과 육수를 담고, 고기, 청경채, 파 등을 고명으로 올린다.

대만식 우육면은 중국식 우육면에 비해 깔끔하고 담백한 맛이 특징이야.

159

대만의 또 다른 미식

관차이반
관 모양을 닮은 빵

관차이반은 식빵을 튀겨 속을 네모나게 파내고 스튜를 빵 속에 넣은 후, 다시 식빵 뚜껑을 덮어 만드는 요리입니다. 스튜에는 오징어나 새우 같은 해산물, 닭고기, 감자 등의 재료가 풍성하게 들어가는데, 주로 크림 스튜나 카레 스튜가 들어간다고 해요. 관차이반은 '관 빵'이라는 뜻인데, 시체를 담는 관이 음식 이름으로 쓰인다니 조금 으스스하지요? 네모난 빵 안에 스튜가 들어 있고, 뚜껑을 닫는 모습이 꼭 관 같다는 의미에서 지어진 이름이라고 합니다.

> 뚜껑 역할을 하는 빵부터 스튜에 찍어 먹으면 돼.

꾸아빠우
돈을 부르는 대만식 햄버거

꾸아빠우는 부드럽고 둥근 빵 가운데를 갈라 그 사이에 돼지고기와 다양한 채소를 넣어 먹는 요리예요. 한마디로 대만식 햄버거라고 할 수 있지요. 대만 사람들은 금전운을 기원하는 의미에서 꾸아빠우를 먹기도 합니다. 빵 사이에 돼지고기가 쏙 들어간 모습이 돈이 가득 찬 지갑과 비슷하다고 생각하기 때문이지요. 그래서 회사에서 연말에 직원들끼리 꾸아빠우를 나누어 먹으면서 내년의 성공을 다짐하기도 한답니다.

> 꾸아빠우를 잔뜩 먹고 부자가 되어야지!

버블티
쫄깃한 타피오카 펄이 씹히는 음료

버블티는 대만을 대표하는 음료수예요. 홍차나 녹차, 우롱차 등에 우유를 섞어 밀크티를 만든 다음, 타피오카 펄을 넣으면 완성되지요. 타피오카 펄은 '타피오카'라는 식물의 전분을 사용해 만들어요. 쫄깃한 떡 같은 식감을 지녀 버블티를 먹을 때 씹는 재미를 한층 더해 주지요. 대만을 넘어서 우리나라와 일본, 미국 등 곳곳에서 버블티 전문점을 찾아 볼 수 있을 만큼 버블티는 세계적으로 큰 인기를 끌고 있답니다.

맛깔나는 지식 한 상

파인애플 주요 생산국

대만의 파인애플 농장

대만은 파인애플을 많이 생산하는 국가 중 하나입니다. 따뜻하면서 습도가 높은 기후이기 때문에 열대 과일인 파인애플을 재배하기에 적합하지요. 대만에서는 이렇게 재배한 파인애플을 이용해 디저트를 만들기도 해요. 그중 대표적인 것이 '펑리수'입니다. 펑리수는 버터와 설탕 등을 넣은 밀가루 반죽 안에 달콤하고 쫀득한 파인애플 잼을 넣어 구운 과자를 말해요. 해외 관광객들에게는 여행 선물로 인기 있지만 대만인들에게는 결혼식 케이크나 결혼 선물로 사용됩니다. 대만어로 파인애플을 뜻하는 '옹라이'가 번영과 다산을 의미하는 단어와 발음이 비슷하기 때문이지요.

뜨거운 태양을 피해 즐기는 야시장 문화

타이베이의 스린 야시장

대만은 4월만 되어도 낮 기온이 30도에 달할 정도로 날씨가 무덥습니다. 그래서 자연스럽게 해가 진 오후에 문을 열어 늦은 밤까지 장사를 하는 야시장 문화가 발달했지요. 대표적인 야시장으로는 타이베이의 '스린 야시장'과 '닝샤 야시장', 가오슝의 '루이펑 야시장' 등이 있어요. 육즙이 촉촉한 대만식 소시지, 닭 가슴살을 넓적하게 펴서 바삭하게 튀긴 '지파이', 돼지고기를 잘게 썰어 밥 위어 얹은 '루러우판' 등 다양한 길거리 음식을 비롯하여 공예품, 옷, 패션 소품 등을 저렴하게 구입할 수 있어서 관광객과 현지인 모두에게 인기가 많답니다.

같이 야시장 구경 갈래?

Japan

지역의 개성이 살아 있는 맛
일본

일본

장인의 나라, 일본에선 어떤 음식을 맛보게 될까?

수도: 도쿄
인구: 약 1억 2,329만 명(2023년 기준)
면적: 약 3,779만㏊
언어: 일본어

* 곤니치와 일본어로 '안녕하세요'라는 뜻으로, 낮에 하는 인사.

탱탱하고 쫄깃한 일품 면발!
사누키우동

재료

우동용 밀가루(중력분), 소금, 마른 멸치, 다시마, 가다랑어포, 간장, 미림, 파, 참깨, 생강, 무 등

Recipe

① 물에 마른 멸치, 다시마, 가다랑어포를 넣어 육수를 만든다.

② 건더기를 거른 육수에 간장과 미림으로 간을 한다.

③ 우동용 밀가루에 물, 소금을 넣고 반죽한 후 2시간 이상 숙성한다.

④ 숙성한 반죽을 튼튼한 비닐에 넣은 뒤 발로 밟아서 공기를 빼내며 치댄다.

주의 사항
- 불을 이용할 때는 화상을 입지 않게 조심해요.
- 칼은 보호자의 도움을 받아서 사용해요.
- 소비 기한이 지나지 않은 재료를 사용해요.

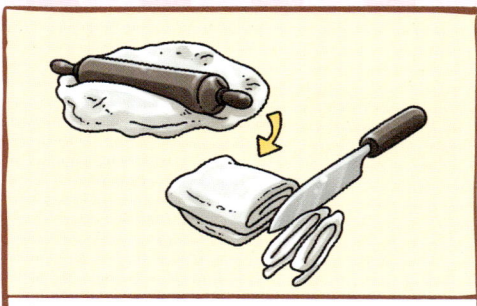

⑤ 반죽을 밀대로 얇게 민 뒤, 접어서 3~4mm 폭으로 잘라 면을 뽑는다.

⑥ ⑤에서 만든 면을 끓는 물에 넣고 12분 이상 삶는다.

⑦ 삶은 면을 차가운 물에 여러 번 헹궈 탱탱하게 만든다.

⑧ 면을 그릇에 담은 뒤, 육수를 넣고 그 위에 파, 참깨, 간 무, 생강 등 고명을 얹는다.

가가와현의 이름이 과거에는 '사누키현'이었대. 그래서 이 지역의 우동이 아직까지 '사누키우동'이라고 불리는 거지.

일본의 또 다른 미식

스시
새콤달콤한 밥으로 만든 한입 요리

초밥은 일본어로 '스시'라고 합니다. 쌀밥에 식초, 소금, 설탕으로 간을 한 다음, 작게 뭉쳐서 그 위에 생선회 등을 얹고 고추냉이, 간장 등과 함께 먹는 요리이지요. 스시를 맛있게 먹기 위해선 스시를 입에 넣을 때 밥 부분이 아니라 생선 부분을 혀에 먼저 닿도록 해야 해요. 그래야 재료 본연의 맛을 잘 느낄 수 있지요. 또한, 밥이 아니라 생선 부분에 간장을 찍어 먹는 것이 좋고, 고추냉이는 다른 재료의 맛을 해칠 수 있으므로 조금만 넣는 것이 좋아요.

생선회 이외에도 계란, 유부, 생선구이 등으로도 초밥을 만들어.

스키야키
육식 금지령 이후 발전된 고기 요리

스키야키는 일본식 소고기 전골 요리예요. 전골 요리이지만 국물을 자작하게 졸여 만들어서 국물의 양이 많지 않은 것이 특징이며, 간장과 설탕으로 맛을 내 짭짤하면서도 달콤한 맛이 나요. 이 맛이 입맛을 끌어당겨 많은 일본인들의 사랑을 받고 있지요. 과거 일본은 '육식 금지령'이 내려져서 고기를 먹는 것이 법적으로 금지된 기간이 길었는데, 1872년에 육식 금지령이 해제되어 그 뒤로 고기 요리가 발전하였어요. 스키야키 또한 1800년대 후반부터 본격적으로 발달하여 널리 퍼지게 되었답니다.

미즈신겐모찌
물방울처럼 투명한 디저트

미즈신겐모찌는 고사리 전분을 이용해 만드는 교토의 대표 음식 중 하나인 '와라비모찌'에서 기원한 디저트예요. 물과 우무, 설탕을 이용해 만들며, 콩가루와 흑설탕 시럽 등을 곁들여 먹지요. 투명한 물방울을 닮아 우리나라에서는 '물방울떡'이라고 불리기도 한답니다. 나뭇잎에 맺힌 이슬 같은 예쁜 모양 때문에 SNS에서 큰 인기를 끌기도 했어요.

우아, 너무 예쁘게 생겼다!

맛깔나는 지식 한 상

일본의 5대 우동

우동은 라멘과 더불어 일본을 대표하는 면 요리예요. 그중 일본의 5대 우동으로 꼽히는 우동은 다음과 같지요. 첫 번째는 가가와현에서 탄생한 '사누키우동'으로 면발이 두껍고 쫄깃한 것이 특징이에요. 두 번째, '이나니와 우동'은 아키타현에서 만들어졌으며, 전분 가루를 묻혀 면을 반죽하지요. 세 번째, '미즈사와 우동'은 군마현의 절에서 유래한 우동으로, 반죽 숙성 기간이 길어 면발이 탄력적이에요. 네 번째, 나가사키현에서 만들어진 '고토 우동'은 면을 반죽할 때 동백 기름을 넣기 때문에 향긋한 향이 난다고 해요. 마지막으로 아이치현에서 탄생한 '키시멘'은 면발의 모양이 넓적하고 매끄러운 것이 특징이랍니다.

아키타현에서 만드는 이나니와 우동

해산물이 풍부한 섬나라

우리나라의 동쪽에 위치한 일본은 홋카이도, 혼슈, 시코쿠, 규슈라는 4개의 큰 섬과 7,000개가 넘는 작은 섬들로 이루어진 섬나라예요. 사방에 바다가 있는 만큼, 일본은 옛날부터 풍부한 해산물을 이용한 요리가 발달해 왔지요. 그중 대표적인 요리로는 오코노미야키와 다코야키가 있어요. 오코노미야키는 새우, 오징어 등 다양한 해산물을 야채, 고기와 함께 넣고 넓적한 모양으로 부친 음식이며, '다코야키'는 반죽에 문어를 넣고 동그란 모양으로 구워 먹는 음식이에요. 게 또한 일본인들이 사랑하는 식재료로, 구이나 찜뿐만 아니라 회, 초밥, 튀김 등 다양한 방법으로 요리하여 먹는답니다.

도쿄의 수산시장인 '쓰키지 시장'의 다양한 해산물

〈보물찾기〉 시리즈 20주년을 맞이하며

와, 〈보물찾기〉 시리즈가 벌써 20주년이 되었네요!

눈썰미 좋은 독자 여러분은 눈치채셨겠지만, 〈보물찾기〉 시리즈의 글 작가는 한 명이 아니었답니다. 나라와 도시에 따라, 또는 시리즈에 따라 여러 명의 다른 작가님들이 스토리를 썼습니다.

전 2007년 《터키에서 보물찾기》부터 참여했는데요. 정신없이 스토리를 쓰다 보니 어느새 훌쩍 시간이 지난 것만 같습니다. 타임머신을 탄 것처럼 '앗, 벌써 이렇게 시간이 지났어?' 하고 깜짝 놀랄 정도랍니다.

영원히 나이를 먹지 않는 팡이와 토리의 이야기를 쓰다 보니 글 작가도 나이를 까먹게 된 걸까요? (정말이라니까요!)

20년 동안이나 팡이와 토리의 보물찾기에 함께해 주신 독자 여러분 덕분입니다. 정말 고맙습니다.

〈보물찾기〉 시리즈 글 작가, **포도알친구 드림**

〈보물찾기〉 시리즈가 20주년을 맞이했습니다.

20년이라니, 대단하지요. 여러분 덕분에 보물찾기 시리즈 20주년 특별판 《천하제일 미식 보물찾기》도 나올 수 있었어요.

신세 지고 있는 분들, 〈보물찾기〉 시리즈를 재미있게 읽어 주시는 독자님들께 정말 감사합니다. 20년 전 〈보물찾기〉를 읽었던 꼬마 독자님들은 지금쯤 사회에서 각자의 보물을 열심히 찾고 있겠지요?

함께였기에 더 소중하고 행복했던 추억들을 떠올리며…, 저는 오늘도 재미라는 보물을 찾기 위해 펜을 들겠습니다.

〈보물찾기〉 시리즈 그림 작가, **강경효 드림**